DES
ÉMIGRÉS DE 1815.

PAR M. DE L.,

GARDE-DU-CORPS DE LA COMPAGNIE DE LUXEMBOURG,

Auteur de la brochure publiée à Gand dans le mois
de mai dernier, ayant pour titre :

*Précis des événemens qui ont contribué au
rétablissement du trône des Bourbons, etc.*

PARIS,

LE NORMANT, IMPRIMEUR-LIBRAIRE.
1815.

IMPRIMERIE DE LE NORMANT, RUE DE SEINE, N°. 8.

DES ÉMIGRÉS DE 1815.

Le Roi assis sur un trône jadis souillé par le crime, mais purifié par sa présence, fort de l'alliance des souverains de l'Europe, entouré de l'amour de ses sujets, jouissoit, à l'abri d'une paix qui devoit être éternelle, de leur bonheur présent et de celui qu'il préparoit à la postérité.

Heureuse sous un règne aussi paternel, la majorité du peuple français voyoit chaque jour cicatriser des plaies regardées comme incurables; le commerce florissoit, les arts reprenoient leur éclat, et l'agriculture ne voyoit plus arracher du sein des familles, ses plus chers soutiens.

Relégué sur un rocher aride, jouissant de la lumière dont il auroit dû être privé pour le repos du Monde, Buonaparte méditoit en silence les moyens de se venger.

Sûr d'avoir pour appui l'armée qu'il avoit corrompue et démoralisée , et si souvent conduite au pillage et à la victoire , il entreprit d'usurper de nouveau l'autorité que la fortune fatiguée lui avoit fait perdre.

Des émissaires coupables, vomis sur le territoire français , répandoient l'or et l'espérance parmi ces hommes qui depuis vingt ans ont uni leurs intérêts aux déchiremens de leur patrie : le poison corrupteur se glissoit partout, et préparoit de nouveaux attentats , que l'extrême bonté du Roi sembloit encourager.

L'Europe ne connut les desseins de l'usurpateur que par leur exécution : l'indécision du ministère français , l'impossibilité de prendre des mesures assez promptes , la divergence des idées, favorisent les démarches du tyran.

Le Roi , calme au milieu de l'orage qui menaçoit sa tête auguste , croit pouvoir opposer à ce fléau une armée dont les nouveaux sermens sembloient devoir garantir la fidélité; mais il ignore qu'elle avoit reçu dans son sein des envoyés secrets de Buonaparte , qu'ils y avoient jeté le germe de la trahison, et que le Roi et la patrie avoient disparu du cœur de ces hommes perfides.

Egaré par quelques traîtres qui s'étoient emparé de sa confiance, le monarque se livre lui-même à leurs criminels conseils ; bientôt cependant il leur ôte l'autorité pour la remettre à des hommes sages et dévoués, mais trop tard, hélas! le mal qui croissoit chaque jour étoit devenu irréparable.

Ainsi qu'un torrent qui se déborde et se grossit sur sa route, Buonaparte se jette avec impétuosité sur la France étonnée ; ses satellites épars apercevant l'étendard de la rébellion viennent s'y réunir en foule ; la patrie est asservie, et les descendans d'Henri IV sur le point d'être attachés au char sanguinaire de l'usurpateur.

En vain la garde royale demande à opposer son courage et son dévouement à la fureur des séditieux, et sa fidélité à la trahison ; en vain elle sollicite l'honneur de sauver la France, en se portant avec la rapidité de l'éclair au-devant de ces bandes rebelles ; ses vœux ne sont point entendus.

La stupeur est dans tous les esprits, l'inquiétude se propage ; tous les regards se tournent vers le Roi , on se porte e n foule autour de s on palais. Hélas ! il ne se montre à ses peuples alarmés que pour leur adresser de magnanimes adieux ; et prenant le seul parti qui lui reste , il se livre presque seul à la Providence et aux ténèbres , et s'éloigne de cette terre infortunée où le crime devoit triompher encore une fois.

A sa garde fidèle se joignent des milliers de défenseurs aussi dévoués ; ils marchent sur ses pas , résolus tous à perdre la vie plutôt que de laisser tomber au pouvoir des satellites de Buonaparte , dirigés par Excelmans , dont le nom sera une tache dans l'histoire , ces têtes augustes que la proscription a déjà désignées. Cependant le tyran a ordonné qu'on s'emparât de la personne sacrée du Monarque ; mais ceux qu'il a chargés de ees ordres iniques , loin d'attenter à la liberté de leur Souverain , ont protégé sa marche , et le Roi est hors de danger.

Parvenu sur une terre étrangère , il y reçoit ces témoignages d'affection et de respect que ses peuples lui avoient prodigués; mais son cœur se déchire au souvenir de son frère et de son neveu , qui conduisent , à pas lents et incertains , une colonne de Français presque désorganisée , et qui brûle d'en venir aux mains avec la troupe de révoltés dont elle est entourée.

Déjà cette troupe furieuse a joint, dans les murs de Béthune, la petite armée des fils d'Henri IV; tout annonce un combat qui paroît être inévitable. On en demande le signal à grands cris. Modérant cette noble impétuosité, et ne prenant avec lui qu'une poignée de braves, l'un des princes se présente au-devant des rebelles : il essaie vainement de les ramener à leur devoir ; les trouvant insensibles au cri de l'honneur, mais incapables de soutenir les regards de leur prince, il enchaîne, par ce mot mémorable, l'indignation de l'armée royale : « Que voulez-» vous combattre? dit-il, des hommes qui » ne se défendent pas ? Laissez -les fuir ; » qu'ils portent ailleurs leur honte et leurs » remords. »

Bientôt son armée continue sa marche, à travers des chemins impraticables; le désordre s'établit un instant dans ses rangs; les obstacles ne font qu'accroître son courage; aucune plainte ne se fait entendre ;

déjà elle touche aux limites de la France ; elle les franchit enfin. Des cris de *Vive le Roi !* retentissent de toutes parts ; la joie renaît dans tous les cœurs ; chaque soldat va revoir son souverain , lui renouveler le serment de mourir pour sa défense. Cependant un ordre, mal interprété sans doute, jette l'épouvante dans l'âme de ces soldats de l'honneur, et les force d'abandonner la cause sacrée du Roi. Le mot de licenciement s'est fait entendre ; quelques-uns suivent , navrés de douleur, des chefs qui, abusés comme eux, les dirigent dans une marche rétrograde. Dispersés bientôt, pour éviter les dangers dont ils sont menacés, ils gagnent isolément leurs tristes foyers.

D'autres, moins confians, ne pouvant se soumettre à un ordre qui confondoit leur raison , et ne voulant pas séparer leur cause de celle de leur souverain, refusent de rentrer sur cette terre de crimes, et se sacrifient à la défense de la patrie, en veillant sur les jours de son chef.

C'est alors que des Français furent contraints de s'éloigner momentanément du sol natal, pour suivre et défendre, sur un sol

étranger ; les principes et les institutions auxquels sont attachés le maintien de l'ordre
public , la garantie de tous les droits, et
l'existeuce de la patrie : car la patrie ; pour
l'homme éclairé, n'est pas seulement la terre
qui l'a vu naître, il est une patrie morale
qui lui est plus chère encore, à laquelle il
doit rallier tous ses vœux , tous ses efforts ,
tous ses sacrifices. Une majorité corrompue
peut proclamer un moment le triomphe du
crime sur la vertu, mais ce triomphe ne
peut avoir rien de stable : la vertu seule peut
fonder des empires ; c'est en se ralliant à elle
qu'on sert véritablement son pays.

C'est donc à tort que, par un abus de
mots, qui tranchoit tous les raisonnemens,
les anarchistes avoient déclaré qu'ils ne recon-
noissoient pas de Français hors de France.

La France cessa d'être ma patrie dès que
le crime et le brigandage devinrent les bases
de son gouvernement; quand tous les liens
sociaux furent brisés , que la liberté fut méconnue, que la propriété fut violée ; quand
les échafauds moissonnèrent des familles en-
tières, et quand toute la nation fut outragée
dans l'assassinat de son souverain.

Etoit-elle ma patrie, quand les hommes qui la représentoient secondoient les vues criminelles et sanguinaires de l'usurpateur; quand mes enfans, arrachés des bras de leur mère, étoient sacrifiés à l'ambition insensée d'un tyran? Non, sans doute; mais elle le devint aussitôt que l'ordre et la justice, reprenant leur empire sous le prince légitime , firent disparoître les lois atroces qui avoient triomphé trop long-temps.

Ceux-là seuls ont cessé d'être Français, qui, sans quitter leur patrie, ne sont restés dans son sein que pour le déchirer; qui, la sacrifiant à leurs intérêts coupables, ont violé la foi des sermens, ont abusé du dépôt de la force, insulté à la majesté du trône, imposé à leur pays un monstre qu'il avoit rejeté; qui, allumant les torches de la guerre civile, ont enfin attiré sur la France la colère et la vengeance de l'Europe. Aussi coupables que le maître qui leur a fait une habitude du crime, puissent-ils, comme lui, être bannis de cette patrie qu'ils ont méconnue, trahie et déchirée !

Tandis que ceux-là se livrent à leurs desseins barbares, les vrais Français, réunis à leur souverain, oublient, en jouissant de sa présence, les fatigues d'une marche aussi pénible. Bientôt cette troupe de braves s'organise et s'augmente par l'arrivée successive de ceux qui, enfin détrompés, s'exposent à de nouveaux dangers pour la rejoindre.

Formés en escadrons et en bataillons réguliers, ils s'exercent journellement sous les ordres d'un prince du sang. Cette armée se dispose à prendre place dans les rangs : l'instant approche où la cause du Roi et de la patrie va triompher. Guidée, non par l'amour du pillage, mais par l'honneur, elle demande avec instance à prendre part à l'action qui va décider du sort de la France, et renverser de nouveau le tyran qui l'opprimoit. Long-temps elle espère obtenir cette faveur ; mais le Roi, constant dans son amour pour ses peuples, ne veut pas que le sang français soit répandu par des mains françaises, et neutralise ainsi le courage et l'ardeur de ses guerriers.

Si tous ne suivent pas la même chance, si tous ne viennent pas se ranger autour du trône, leur amour pour le Roi ne les porte pas moins à braver tous les dangers pour soutenir sa cause. Fidèles à l'étendard des Lis, ils le plantent au milieu de la France ; ils s'organisent sous le fer des bourreaux ; dans la Vendée, la Bretagne, la Normandie, ils forcent l'usurpateur à une diversion qui affoiblit son armée; ils attaquent de front ses phalanges, détournent les sources de son revenu, découragent, inquiètent ses partisans; jusque dans le sein de sa capitale ils maintiennent l'esprit public, lui donnent une direction efficace, et s'appuient de leurs droits de citoyens pour protester avec courage contre les actes de son gouvernement, contre les mesures atroces établies pour les atteindre. Il en est un petit nombre, cependant, qui, foulant aux pieds leurs sermens, osent se placer dans les rangs des soldats égarés; le sceau du déshonneur est imprimé sur leurs fronts; abandonnés à leurs remords, qu'ils soient condamnés à vivre dans l'oubli, et, s'il se peut, que leur présence ne souille plus le sol français.

Cependant la cour de Louis XVIII prend bientôt un nouvel éclat par la présence des ambassadeurs que les puissances de l'Europe s'empressent d'envoyer auprès du monarque dont ils reconnoissent les droits, dont ils vont rétablir la puissance. L'histoire recueillera sans doute avec admiration le spectacle touchant qu'offroit alors aux regards des peuples la ville hospitalière qui recéloit dans son sein les augustes descendans de saint Louis et d'Henri IV. Cette famille à laquelle s'attachoient tant de souvenirs et tant d'espérances, étoit pour les monarques de la terre un exemple imposant des vicissitudes du sort et du pouvoir des vertus.

Ces princes, pleins de confiance dans les décrets de la Providence, attendoient avec calme l'issue des grands événemens qui se préparoient, leurs traits n'éprouvoient d'altération qu'aux récits affligeans des nouvelles horreurs qui se commettoient en France. Autour d'eux on voyoit encore ces nobles et fidèles soutiens de l'honneur français, blanchis dans les adversités d'une première émigration : les Condé, les Noailles, les Montmorency, les Croy, les Grammont, les Fitzjames, les Rohan, les Vioménil, les Duras, les Durfort, les Descars, les Maillé, les Damas, les Sely, etc. etc.

Tous ces noms auxquels sont attachés les

antiques souvenirs de notre histoire, entou-
roient une seconde fois de leur amour et de
leur fidélité ce trône dont ils sont depuis tant
de siècles et le soutien et l'éclat.

On aimoit à compter auprès d'eux ces gé-
néraux si chers à la victoire, s'éloignant de
leurs familles, abandonnant leurs richesses
pour suivre l'étendard des Lis, devenu dé-
sormais le leur ; prêts à verser encore leur
sang pour la patrie, ils ne se plaignent que
de l'oisiveté à laquelle la bonté du Roi sem-
ble les condamner, ne devant qu'à leurs
exploits leur élévation et leur gloire, ces
héros modernes transmettront à leurs descendans des noms que la postérité aimera à
confondre avec ceux qui font l'honneur de
la monarchie française.

La censure et la critique s'exerçoient néan-
moins dans cette France malheureuse contre
le Roi et ses défenseurs ; le retour d'une mul-
titude de royalistes dans leurs foyers donnoit
lieu de penser que tous avoient abandonné
le monarque ; les partisans de Buonaparte
accréditoient ces bruits, dans l'espoir, sans
doute, d'affoiblir et de décourager un parti
qui croissoit chaque jour. La malveillance

chercheroit en vain à répandre le poison de la calomnie sur ces chevaliers français : le sang de leurs ancêtres, vainqueurs à Fontenoy, coule encore dans leurs veines avec l'honneur qui fut toujours leur guide ; ainsi que leurs pères, ils auroient su vaincre ou mourir pour une aussi belle cause, si le Roi n'en eût laissé la gloire à la valeur de ses augustes alliés.

On peut donc diviser en quatre classes ceux des royalistes qui, contre leurs désirs, ont été privés d'accompagner le Roi.

La première se compose de ceux qui, sur les frontières, ont cru à un licenciement qui n'étoit que facultatif, et de ceux qui se sont trouvés renfermés à Béthune.

La deuxième, de ceux qui, pères de famille, avoient à régler des affaires auxquelles se rattachoit l'existence de leurs enfans.

La troisième, des hommes qui, affoiblis par l'âge, n'étoient plus à même de se livrer à un service qu'ils devoient supposer être au-dessus de leurs forces physiques.

La quatrième enfin, de ceux qui, n'ayant pas une opinion assez formée, ont cru la partie perdue.

Les trois premières classes ne pourroient, sans injustice, être taxées d'indifférence : la dernière est à plaindre, sans doute, mais ne peut être accusée que d'aveuglement. Toutes ces nuances, au surplus, ont été aperçues par SA MAJESTÉ, et il n'appartient à personne de réviser un pareil jugement.

FIN.